VILLE DE ROUEN

FOIRE SAINT-ROMAIN

1922

—

RÈGLEMENT

Ville de Rouen

FOIRE SAINT-ROMAIN

1922

RÈGLEMENT

NOUS, PREMIER ADJOINT, faisant fonctions de Maire de Rouen, *Chevalier de la Légion d'honneur*,

VU :

Le tableau général des foires du département de la Seine-Inférieure, arrêté par M. le Préfet, le 9 Juin 1806 ;

L'arrêté préfectoral en date du 7 Février 1854 ;

Le règlement général de police de la ville de Rouen ;

La loi du 5 Avril 1884, notamment les articles 91, 94 et 97 ;

La loi du 16 Juillet 1912, sur l'exercice des professions ambulantes et la circulation des nomades ;

La délibération du Conseil municipal en date du 24 Février 1919 ;

Arrêtons ce qui suit :

Article premier. — La foire Saint-Romain comporte trois éléments, savoir :

1° La vente des chevaux ;

2° Celle des bestiaux ;

3° L'exploitation des industries et commerces forains.

Article 2. — La vente des chevaux entiers, hongres et juments a lieu aux endroits suivants, du 19 au 23 Octobre :

Chevaux entiers, boulevard des Belges ;

Chevaux hongres, juments et poulains, place Cauchoise et boulevard Jeanne-Darc.

Article 3. — Les chevaux sont rangés le long des trottoirs sur le revers de la chaussée.

Durant ces quatre journées, la trotterie s'effectue sur les dits boulevards.

Le 23, à midi, la vente des chevaux et poulains est transférée boulevard Saint-Hilaire, contre-allée Nord, à la suite de l'emplacement attribué aux brocanteurs, en descendant vers la place Saint-Hilaire ; la trotterie a lieu sur la chaussée, au droit de cet emplacement.

Article 4. — La vente des bestiaux s'effectue le 23 Octobre seulement, rampe Saint-Hilaire, partie comprise entre la rue de la Rampe et la rue des Sapins.

Article 5. — Les industries et commerces forains s'exercent entre les places Cauchoise et Saint-Hilaire, pendant 20 jours, du 23 Octobre au 12 Novembre.

Les emplacements qui leur sont affectés sont délimités comme suit, sauf faculté pour l'Administration municipale, d'apporter toutes modifications qu'elle jugerait nécessaires.

I. — *Boutiquiers.*

Leur installation a lieu dans les contre-allées des boulevards Beauvoisine et Jeanne-Darc :

1° *Côté Sud :* De la rue Sainte-Marie à la rue Jeanne-Darc ;

2° Rue Sainte-Marie, en alternant de droite à gauche ;

3° *Côté Nord :* De la place Beauvoisine à la rue Jeanne-Darc ;

4° Et, s'il y a lieu, de la rue Jeanne-Darc à la place Cauchoise.

II. — *Spectacles, ménageries, manèges, tirs et autres établissements.*

Ces industries sont installées à partir du poste de police de Beauvoisine, côté Nord des boulevards Beauvoisine et Saint-Hilaire, ainsi que sur le Boulingrin. Les manèges et tirs, notamment, sont installés sur le Boulingrin et, s'il y a lieu, sur la contre-allée Nord des boulevards.

III. — *Pâtisseries et jeux d'adresse.*

Les établissements de cette nature s'installent à partir de la rue Sainte-Marie dans la contre-allée Sud des boulevards Beauvoisine et Saint-Hilaire.

IV. — *Tentes-buvettes.*

Un emplacement est réservé aux tentes-buvettes, auprès du cirque, parallèlement à la rampe Beauvoisine.

V. — *Photographes.*

Les photographes sont installés au bas de la rue Sainte-Marie.

VI. — *Brocanteurs.*

Les brocanteurs sont placés dans la contre-allée Nord du boulevard Saint-Hilaire.

Article 6. — La liste des industriels et commerçants admis à la foire Saint-Romain sera arrêtée par M. le Commissaire central qui fixera l'emplacement à attribuer à chacun d'eux.

Exception est faite toutefois pour les boutiquiers auxquels l'attribution des places sera faite par la voie d'un tirage au sort, le 8 septembre, à dix heures du matin, à l'Hôtel-de-Ville.

Les opérations de ce tirage au sort seront effectuées de manière à sauvegarder l'installation des commerçants ou industriels, de nationalité française, ayant leur domicile réel à Rouen, patentés en cette ville et y exerçant leur commerce ou leur industrie. A cet effet, dans le cas où, faute de place, il serait impossible de désigner un emplacement à des commerçants de Rouen ayant tiré l'un des derniers numéros échus au tirage, les dernières places affectées seraient offertes successivement aux dits commerçants rouennais, bien que le sort en eût décidé autrement; en cas de refus de leur part d'occuper les places ainsi offertes, les forains auxquels les emplacements seront échus par le tirage devront les occuper. Les intéressés seront fixés à cet égard par M. le Commissaire central, le jour même du tirage au sort, soit à l'issue de cette opération, soit au moment où il sera procédé, sur le champ de foire, à la désignation des emplacements.

Article 7. — La désignation des places intéressant les marchands de marrons, de friture et autres petits industriels exerçant à découvert, aura lieu sur place, dans la matinée du 23 Octobre, à 9 heures du matin, par les soins du délégué de M. le Commissaire central.

Article 8. — *Aucune loterie ni jeu de hasard ne sont tolérés sur le champ de foire.*

La vente des volailles ou autres animaux vivants y est également interdite.

Enfin, défense est faite de se livrer à des exercices de cartomancie, somnanbulisme et transmission de la pensée.

Les baraques des marchands en boutique d'orfèvrerie, vannerie, confiserie, mousseline, bonneterie et de produits généralement connus sous le nom d'articles de Paris, devront avoir une profondeur maximum de 2 mètres, une hauteur de 3 m. 25 maximum et une longueur de 12 mètres au plus. La saillie des auvents ne doit pas excéder 1 m. 10.

Les baraques devront être construites en bois ou bois et zinc. Les baraquements en toile sont interdits.

Article 9. — *M. le Commissaire central* est chargé, sous notre contrôle, de l'organisation de la foire. Toute personne désirant occuper un emplacement doit lui en faire la demande écrite avant le 31 Juillet, exception faite des boutiquiers qui pourront lui présenter leur demande jusqu'au 31 août.

Toute demande d'emplacement doit être accompagnée d'une note indiquant l'objet du commerce ou de l'industrie de l'intéressé et les dimensions exactes, escaliers compris. Les voitures en façade, non indispensables, ne seront pas tolérées.

L'intéressé doit joindre à sa demande :

1º Sa patente ;

2º Sa photographie ;

3º La photographie de son établissement (sauf les boutiquiers).

4º Une liste des fêtes ou foires par lui fréquentées durant les six derniers mois ;

5º Un certificat de date récente émanant d'un Maire ou d'un Commissaire de police, constatant qu'il est titulaire d'un récépissé de marchand ambulant délivré le

à   ou d'un carnet forain nº   délivré le

à   ou d'un carnet anthropométrique nº

délivré le   à

Le dit certificat devra mentionner également que la famille

du pétitionnaire ainsi que ses employés sont en règle avec les prescriptions de la Loi du 16 Juillet 1912.

Enfin, s'il s'agit d'étrangers, le certificat indiquera que les intéressés sont titulaires de la carte d'identité d'étranger n° délivrée le   à   et d'un extrait d'imma-triculation délivré le   à

Article 10. — Exception faite pour les marchands bouti-quiers, toute proposition d'attribution de place de la part du service de police doit faire l'objet, sous huitaine au plus, d'une réponse du commerçant ou industriel forain intéressé, faute de quoi, la Ville dispose de l'emplacement proposé.

Toute réponse comportant acceptation d'une place *offerte* par le service de police doit être accompagnée d'arrhes cal-culées au taux de *0 fr. 50 par mètre carré.*

Article 11. — Les arrhes à déposer par les *boutiquiers* en même temps que leur demande de place sont fixées à *4 francs par mètre carré.*

Les arrhes devront être retirées, dès la fin de la Foire, au Commissariat central de Police sur la présentation des quit-tances des divers droits. Elles ne seront pas valables pour les années suivantes et ne seront pas remboursées par corres-pondance. Les arrhes non retirées dans un délai de 3 années à compter du 1er Janvier qui suivra la Foire seront considérées comme abandonnées.

Article 12. — Tout industriel forain renonçant à occuper l'emplacement par lui accepté est déchu de tout droit au remboursement des arrhes par lui versées.

Il en est de même pour les boutiquiers en cas de refus d'occuper une place attribuée par le tirage au sort.

Article 13. — Les bois nécessaires à la construction des baraques ne pourront être déposés dans les contre-allées des boulevards avant le. 10 octobre. Ces dépôts seront disposés de manière à encombrer le moins possible, et, pour prévenir tout accident, ils seront éclairés dès la nuit tombante.

Le démontage des baraques et l'enlèvement des bois seront effectués dans la huitaine de la clôture effective de la foire.

Il est interdit de se livrer aux travaux de construction ou de démontage des baraques avant six heures du matin et après dix heures du soir.

Article 14. — Les tranchées creusées par les constructeurs forains, en vue de l'installation du gaz ou de l'eau, seront également éclairées et, en outre, munies de garde-fous.

Article 15. — La remise en état des emplacements occupés par les baraques et les loges est exécutée par les soins de la Ville et aux frais des industriels forains.

Article 16. — Tout forain dont le matériel n'est pas arrivé sur place le *20 octobre, à midi,* est dépossédé de son emplacement et, comme dans le cas de l'article 12, ses arrhes restent acquises à la Ville.

Article 17. — Les établissements forains, sans aucune exception, doivent être ouverts au public le 23 octobre et tout contrevenant à cette disposition est passible d'une amende calculée à raison de 0 fr. 10 par mètre carré d'occupation et par jour. Retenue en est faite sur les arrhes déposées.

Article 18. — Aucun établissement ne doit être ouvert au public en dehors de la période de la foire.

Article 19. — Les titulaires des places doivent les gérer personnellement ; ils ne peuvent les céder ou sous-louer sans autorisation, pas plus qu'en changer l'affectation ; de même que, sous forme d'association ou autrement, ils ne peuvent y introduire des personnes non agréées par M. le Commissaire central.

Article 20. — Tout commerçant patenté, domicilié sur la partie des boulevards où se tient la foire et y exerçant son commerce, peut placer une boutique devant la maison qu'il occupe, à la condition d'en faire la demande à M. le Commissaire central au plus tard le 31 juillet ; il ne peut vendre dans sa boutique foraine d'autres marchandises que celles qui font l'objet de son commerce habituel. Toutefois, les débitants de boissons ont la faculté d'y fabriquer et vendre de la pâtisserie, notamment des gaufres.

Cette boutique doit être placée au droit de l'établissement où se fait habituellement le commerce du demandeur et non au droit de bâtiments, murs ou passages en prolongement.

Elle ne peut être occupée que par le propriétaire du fonds de commerce.

Lorsqu'un commerçant ne fait édifier aucun baraquement au droit de sa maison de commerce, l'Administration peut y autoriser des installations volantes, sans construction de baraquements.

Article 21. — Il est interdit aux pâtissiers, marchands de gaufres et crêpes de vendre du pain d'épices, de la confiserie, etc., et généralement tous produits non fabriqués par eux, ainsi que des boissons spiritueuses.

Article 22. — Aucune installation spéciale de buvette ou café n'est autorisée à l'exception des tentes-buvettes prévues à l'article 5, § 4. Toutefois, les propriétaires de ces tentes-buvettes ne pourront, sous aucun prétexte, vendre à consommer sur place des boissons et liquides alcooliques et des apéritifs autres que ceux à base de vin et titrant moins de 23°.

Article 23. — Les loges et baraques de spectacles ne peuvent être ouvertes au public qu'autant qu'elles ont été examinées par l'Architecte de la Ville et qu'elles remplissent les conditions prescrites par l'article 770 du règlement général de police de la ville de Rouen.

Cet article est ainsi conçu :

« Dans l'intérêt de la sécurité des spectateurs et afin de
« prévenir, autant que possible, les accidents, il est expres-
« sément interdit aux constructeurs de loges ou de bara-
« ques d'employer des bois vieux, pourris ou trop faibles.

« Les bois servant à la construction proprement dite des
« loges ou des baraques, c'est-à-dire ceux formant les faces
« d'encadrement ou pourtour, les fermes du comble et les
« gradins destinés à supporter les bancs ou banquettes,
« ainsi que le plancher de la scène, devront être reliés
« entre eux exclusivement avec des boulons et des écrous,
« l'emploi de pointes étant, dans ce cas, expressément in-
« terdit ; un système de moise et de croix de Saint-André
« devra être combiné de manière à s'opposer au déverse-
« ment de la construction, dans quelque sens qu'il puisse se
« produire. »

Il ne peut être établi de galerie saillante au-dessus des gradins destinés au public, à moins que ces gradins ne soient portés de fond sur poteaux et que leur construction n'ait été reconnue présenter toutes les garanties désirables.

La façade des établissements forains ne doit être obstruée par aucun arc-boutant.

Article 24. — Les directeurs d'établissements ouverts au public faisant usage du gaz acétylène, doivent, conformé-ment aux instructions, se munir de l'autorisation réglemen-taire.

Article 25. — Les directeurs de théâtres ou d'exhibitions quelconques sont tenus d'avoir, dans leurs établissements, un réservoir constamment rempli d'eau, afin de parer à tout commencement d'incendie.

Des dégagements commodes, en nombre suffisant, doivent être ménagés pour faciliter la prompte évacuation des baraques en cas d'incendie ou de panique.

En outre, les directeurs des mêmes établissements doivent se conformer aux dispositions rappelées ci-après, de l'article 65 du règlement municipal du 3 octobre 1887, concernant les mesures de sécurité dans les théâtres :

« Avant l'ouverture des portes au public et pendant la « durée de chaque représentation, des lampes, en suffisante « quantité, alimentées par de l'huile de colza, contenue dans « des manchons en verre, présentant un aspect convenable « et propre, seront entretenues allumées dans les couloirs, « vestibules et foyers, en un mot, dans toutes les parties « du théâtre où circulent le public, les artistes, les choristes, « figurants et autres employés.

« Ces lampes doivent être disposées aux endroits désignés « par l'inspecteur de l'éclairage. Elles peuvent, avec l'au- « torisation de ce dernier, être remplacées par des appareils « d'éclairage à la bougie, d'un modèle agréé. »

Article 26. — Les établissements forains, sans exception, doivent fermer au plus tard à minuit en semaine et à une heure du matin les dimanches et autres jours fériés.

Article 27. — L'emploi d'instruments bruyants, tels que: orgues, sifflets à vapeur, sirènes, tambours, grosses caisses, clairons, etc., est formellement interdit à partir de onze heures du soir, sauf les dimanches, jeudis et jours fériés, où l'emploi de ces instruments sera toléré jusqu'à minuit. Toutefois, les instruments de musique, sirènes, sifflets à vapeur, etc., reconnus trop bruyants, pourront, en cas de plainte reconnue fondée, être interdits d'une manière permanente, sur simple avis de l'Administration municipale.

Article 28. — Pendant la durée de la foire et sur toute

l'étendue des boulevards et des voies publiques qu'elle occupera, il est enjoint de ne conduire qu'au pas et sur la chaussée les chevaux, ânes, mulets, voitures, tramways et vélocipèdes.

De midi à dix heures du soir, les dimanches et jours de fête, et à partir de trois heures après midi jusqu'à dix heures du soir, les jeudis, la circulation des voitures, chevaux, tramways et vélocipèdes sera interdite sur les boulevards Saint-Hilaire et Beauvoisine (partie comprise entre la rue François-de-Civille et la place Beauvoisine).

Article 29. — Les voitures venant prendre des personnes ayant assisté aux représentations du cirque seront mises en stationnement rampe Beauvoisine.

Article 30. — Les occupants paieront à la Ville les droits de place ainsi fixés :

Par jour :

1º Pour un bœuf ou une vache .... 1 fr. 50
2º Pour un veau............................. 1   »
3º Pour un porc............................. 1   »
4º Pour un cheval, une jument ou un poulain...... 1   »
5º Pour un mulet ou un âne 0   50
6º Pour un mouton ou une chèvre.............. 0   50

Par mètre carré et par jour pendant toute la durée de la foire :

7º Etablissements placés entre le corps de garde de Beauvoisine (contre-allée Nord) et le Boulingrin non compris .... 0 fr. 20

8º Tenanciers de tentes-buvettes et marchands de pommes de terre et poissons frits, placés au droit de ces tentes-buvettes 0   15

9° Etablissements placés sur le Boulingrin et au delà,
ainsi que pour les jeux installés place du Bou-
lingrin   0   15

10° Faïenciers étalant par terre.   0   15

11° Boutiquiers et étalagistes déposant leurs marchan-
dises à terre   0   15

Les occupants de toute catégorie sont tenus d'acquitter les
droits en un seul paiement, pour toute la durée réglementaire
de la foire, à la recette de l'Octroi, rue Jeanne-Darc, n° 4,
au plus tard dans la huitaine de l'ouverture.

Ils y verseront également, en une seule fois et avant le
15 novembre, les droits afférents à la prolongation éventuelle
de la foire.

Toutefois, en ce qui concerne cette seconde période, les
occupants pourront être autorisés à ne verser les droits que
sur la durée effective de l'occupation de l'emplacement concédé,
mais seulement à la condition que cette durée, qui ne devra,
en aucun cas, être inférieure à cinq jours, ait été l'objet d'une
déclaration faite par écrit, dans les deux premiers jours de
la prolongation, à la direction de l'Octroi. A défaut de cette
déclaration dans le délai imparti, le droit serait dû pour tout
le temps de la prolongation.

Le droit de place pour les animaux exposés en vente sera
perçu, comme par le passé, sur le champ de foire ; il devra
être acquitté à première réquisition.

Article 31. — Tout étalage en dehors des boutiques est
formellement interdit. Il en est de même de toute espèce
d'encombrement de la voie publique.

Article 32. — Les forains ne doivent commettre aucun
dégât, tant au sol qu'aux arbres des boulevards, et sont tenus

de se soumettre aux instructions qui leur seraient données à cet égard par le service de police.

HYGIÈNE ET SALUBRITÉ

I. — *Hygiène.*

Article 33. — Pendant la foire, les roulottes et locaux servant de logement aux forains sont visités par les inspecteurs du service municipal d'hygiène.

II. — *Salubrité.*

Article 34. — Le jet au ruisseau des eaux usées et matières de vidanges est formellement interdit.

Les forains doivent vider leurs seaux hygiéniques dans l'un des récipients mis en dépôt sur le champ de foire.

Chaque forain doit avoir un récipient dans lequel il met les résidus du ménage, papiers sales, etc., et qui sont vidés chaque matin au tombereau de la voirie.

Il est interdit d'écouler sur le sol et notamment autour des arbres des eaux savonneuses et ménagères. Ces eaux sont recueillies dans un récipient étanche et vidées à une bouche d'égout, le matin, entre sept et huit heures.

Les liquides et boues provenant de l'extinction du carbure de calcium (résidus de l'éclairage à l'acétylène) ne peuvent être versés que dans les bouches d'égout aux heures indiquées ci-dessus et deux heures au moins après leur dilution dans dix fois leur volume d'eau.

Les cheminées des foyers de chaudières à vapeur et autres doivent être coudées à leur extrémité de manière à ne pas envoyer dans les arbres des boulevards les gaz brûlants et les produits nocifs de la combustion.

L'alimentation de ces foyers ne peut être faite qu'à l'aide de coke ou de tout autre combustible ne produisant aucune fumée.

Article 35. — M. le Commissaire central de police et MM. les Directeurs de l'Octroi et de l'Hygiène sont chargés, chacun en ce qui le concerne, de l'exécution du présent arrêté.

Fait en l'Hôtel de Ville, le 15 mai 1922.

Léon LENORMAND, Adjoint.

Vu pour récépissé
Rouen, le 16 Mai 1922.
Pour le Préfet :
Le Secrétaire Général,
Signé : LABREGÈRE.

9 782329 043166